Maravillas

MI LIBRO DE LECTURA Y ESCRITURA

McGraw Hill

COVER: Nathan Love.

mheducation.com/prek-12

Send all inquiries to:
McGraw-Hill Education
Two Penn Plaza
New York, New York 10121

ISBN: 978-0-07-702808-4
MHID: 0-07-702808-2

Printed in the United States of America.

10 11 12 13 14 15 16 17 18 LBC 31 30 29 28 27 26
A

¡Bienvenidos a Maravillas!

Explora textos apasionantes de **Literatura**, **Ciencias** y **Estudios Sociales**.

- ★ **LEE** acerca del mundo que te rodea.
- ★ **PIENSA**, **HABLA** y **ESCRIBE** sobre géneros literarios.
- ★ **COLABORA** en charlas e investigaciones.
- ★ **¡EXPRÉSATE!**

my.mheducation.com

Con tus datos de acceso podrás leer textos, practicar fonética, ortografía, gramática y mucho más.

Unidad 8 De aquí para allá

La gran idea

Semana 1 • En marcha

Recursos digitales *Consulta este libro electrónico y otros recursos en:* my.mheducation.com

Semana 2 • Mis Estados Unidos

ESTUDIOS SOCIALES

Semana 3 • Mira hacia el cielo

m-gucci/iStockphoto/Getty Images

Escritura y gramática

Fantasía

Conclusiones de las unidades 7 y 8

Lo que aprendiste

Amplía lo que aprendiste

Evalúa tu progreso

Unidad 8

De aquí para allá

La gran idea

¿Adónde vas que queda cerca o lejos de donde estás?

Comenta qué lugares están cerca de los niños.

Encierra en un círculo los lugares que quedan lejos que te gustaría visitar.

Coméntalo

Pregunta esencial ¿Qué te ayuda a ir de un lugar a otro?

Conversa sobre la niña y su bicicleta.

ESTUDIOS SOCIALES

Dibuja y **escribe** acerca de un vehículo en el que te gusta viajar.

Me gusta viajar en

Daniel MacDonald/Flickr/Getty Images

Leer

Responde al Superlibro

Vuelve a contar el cuento de fantasía.

Escribe acerca del cuento.

¿Cómo sabes que Divina es una buena inventora?

Evidencia en el texto

Página

¿Cómo sabes que esta es una fantasía?

Evidencia en el texto

Página

Comenta cómo van los Numerozzi a la escuela. ¿Cómo vas tú a la escuela?

Dibuja y **escribe** acerca de cómo vas a la escuela.

Voy a la escuela

Releer

Superlibro

El personaje principal es el personaje más importante de un cuento. El ambiente es cuándo y dónde ocurre el cuento. La trama son los sucesos que ocurren.

Escucha el cuento.

Comenta y **escribe** acerca del personaje principal y el ambiente.

¿Quiénes son los personajes principales?

____

____

Describe el ambiente.

____

____

Conversa y **escribe** acerca de la trama. ¿Qué ocurre al **principio,** en el **medio** y al **final** del cuento?

Principio

Medio

Final

Releer

Superlibro

Escucha las páginas 5 y 6.

Comenta cómo muestra el autor que es hora de levantarse.

Escribe acerca de las palabras y las ilustraciones.

El autor representa el sonido de la alarma

Veo en la ilustración que el reloj

Mira las páginas 26 y 27.

Comenta cómo muestra el autor lo que sienten los personajes. ¿Cómo se sienten los vecinos? ¿Y los niños?

Dibuja y **escribe** acerca de lo que sienten los personajes.

Combina información

¿Cuál es el trabajo de la mamá, Divina Numerozzi? ¿Cómo lo sabes?

Lectura compartida

Buscar evidencias

Haz una predicción sobre el cuento. Usa el título y las imágenes como ayuda. Lee para averiguar si tu predicción es correcta.

Lee la página 17. Señala la primera y la última palabra de cada oración mientras lees.

Aquí va Quique

Daniela Zoto

Mañana me mudo.

Mamá me da una caja.

Lectura compartida

Buscar evidencias

Subraya la palabra **dice**.

Encierra en un círculo las palabras que empiezan con **Q** mayúscula.

¿Qué meto en la caja?

Meto mi muñeca y mi oso Quique.

Papá me da una caja.

Me dice que es
para mi ropa.

Lectura compartida

Buscar evidencias

Piensa en lo que pasó en el cuento hasta ahora. Haz una predicción acerca de lo que pasará luego.

Encierra en un círculo la palabra **vamos**.

Aquí va mi cama.

Esa es la máquina de mamá.

Vamos en coche a la casa.

¡La Luna se ve como un queso!

Lectura compartida

Buscar evidencias

Encierra en un círculo las palabras que tienen la sílaba **que**.

Comenta tu predicción. ¿Fue correcta? Usa las palabras y las ilustraciones como ayuda para decidirlo. Luego, vuelve a contar el cuento.

¡Aquella es la casa!

Me gusta mucho.

Aquí está mi cama.

¡Y aquí está mi querido Quique!

Releer

Lectura complementaria

Mira la pintura de las personas que viajan en una diligencia.

Comenta los detalles que indican que la imagen muestra personas y cosas de hace mucho tiempo.

(bkgd)Ingram Publishing; (b)SuperStock/Getty Images

Acuérdate

Para hablar de lo que sucedió en el pasado, podemos decir:

En el pasado, las personas usaban ___.

En el pasado, había ______.

Mira las páginas 31 a 33. ¿Qué indican las palabras en color rojo?

Comenta por qué el autor organizó el texto en "En el pasado" y "En la actualidad". ¿Qué información dan los títulos?

Escribe acerca de eso.

Coméntalo

Compara el modo de viajar de las personas en el pasado y en la actualidad. ¿Cómo cambió la forma de viajar?

¿De qué escribe el autor en "En el pasado"?

¿De qué escribe el autor en "En la actualidad"?

Integrar

Búsqueda e investigación

Tipos de vehículos

Paso 1 **Conversa** acerca de los vehículos que se usan en la tierra, el agua y el aire. Elige uno e investígalo.

Paso 2 **Escribe** una pregunta acerca de cómo se mueve ese vehículo.

Paso 3 **Mira** libros o usa internet. Busca las palabras que no conozcas en un diccionario ilustrado.

Paso 4 **Dibuja** lo que aprendiste. Añade rótulos.

Paso 5 **Escribe** lo que aprendiste en tu cuaderno de escritura. Usa las nuevas palabras que aprendiste.

Paso 6 **Elige** una buena manera de presentar tu trabajo.

Integrar

Haz conexiones

Conversa acerca de estos trenes. ¿Cuál es del pasado? ¿Cuál es de la actualidad? ¿Cómo lo sabes?

Compara estos trenes con el transporte que inventa Divina en *La familia Numerozzi*.

Acuérdate

Podemos usar estas palabras para hablar de vehículos:

tren, avión, autobús, carro, camión, barco.

Lo que sé ahora

Piensa en los textos que leíste esta semana.

Los textos hablan de

Piensa en lo que aprendiste esta semana. ¿Qué más te gustaría saber? Comenta tus ideas.

Comenta algo que aprendiste acerca de los cuentos de fantasía.

Coméntalo

¿? **Pregunta esencial** ¿Qué sabes sobre nuestro país?

Conversa acerca de la estatua. ¿Por qué esta estatua es importante para nuestro país?

Escribe algo que sabes acerca de nuestro país.

MATTES Reña©/hemis.fr/Getty Images

Responde al Superlibro

Vuelve a contar el texto de no ficción.

Escribe acerca del texto.

¿Cuál es uno de los datos que aprendió Ana?

Evidencia en el texto

Página

¿Qué cosa interesante aprendiste tú?

Evidencia en el texto

Página

Conversa acerca de las personas importantes sobre las que aprendió Ana. ¿Cómo ayudaron a nuestro país?

Escribe acerca de una persona que ayudó a nuestro país. ¿Cómo lo hizo?

Una persona que ayudó a nuestro país es

Esta persona ayudó a

Superlibro

La idea principal es la idea más importante que da un autor acerca de un tema. Los detalles clave dan información acerca de la idea principal.

Escucha el texto.

Comenta los detalles clave.

Escribe dos detalles clave.
Luego, escribe la idea principal.

Acuérdate

¿Cómo podemos saber cuál es la idea principal en un texto de no ficción? Podemos empezar por buscar detalles importantes, y luego estudiarlos para descubrir la idea principal.

Idea principal

Detalle

Detalle

Releer

Superlibro

Mira la página 6.

Comenta por qué la ilustradora añadió fotos al mapa.

Encierra en un círculo **sí** o **no** en cada pregunta acerca de las fotos.

1.	¿Muestran lugares reales?	**sí**	**no**
2.	¿Muestran cómo son los lugares?	**sí**	**no**
3.	¿Muestran dónde vive Ana?	**sí**	**no**
4.	¿Muestran dónde está Ana?	**sí**	**no**

Acuérdate

En el mapa se ve dónde está cada lugar.

En las fotos se ve cómo es cada lugar.

Escucha las páginas 16 y 17.

Comenta lo que es real en esta página. ¿Qué es inventado?

Dibújalo en los recuadros.

Real	Inventado

Lectura compartida

Buscar evidencias

Lee el título. Mira la ilustración. Piensa en lo que quieres saber en este cuento.

Encierra en un círculo la palabra **grande**.

Jero va de paseo

Ángeles Rossi

—Tío Lalo vive aquí
—dice Jero.

—Toma la maleta grande
—dice mamá.

Lectura compartida

Buscar evidencias

Encierra en un círculo y lee las palabras que terminan con la misma sílaba que **miro**.

Subraya y lee la palabra **pequeño**.

Jero volará a la casa de su tío.

Es un niño pequeño, pero va seguro.

Jero mira al señalero.

Le gusta todo lo que ve.

Lectura compartida

Buscar evidencias

Subraya la palabra que tiene la sílaba **ri** y rima con **mosquito**.

Encierra en un círculo la palabra que indica adónde subirán Jero y su tío. Luego, di una oración que incluya esa palabra.

Jero corre.

Jero saluda a su tío favorito.

Jero camina con el tío.
¡Subirá arriba de todo!

Lectura compartida

Buscar evidencias

Encierra en un círculo las palabras que terminan con r.

Vuelve a contar el cuento. Si no entiendes algo, vuelve a leerlo.

—Tengo mucho calor
—dice Jero.

—¡Vamos! —apura el tío.

¡Sí! El tío llega.

Jero llega.

¡Y bebe, bebe sin parar!

Releer

Lectura complementaria

Mira las fotos. ¿Qué te dicen de las casas de los antiguos indígenas pueblo?

Los antiguos indígenas pueblo eran excelentes constructores. Sus edificios de varios pisos tenían cientos de habitaciones.

Encierra en un círculo la foto donde se ven las casas de cerca.

Encierra en un cuadrado la foto donde se ven desde lejos.

Acuérdate

En una foto tomada de cerca, las cosas se ven más grandes. Podemos ver más detalles.

Conversa y escribe acerca de las fotos y el pie de foto.

¿Qué aprendiste de la foto tomada de cerca?

¿Qué aprendiste de la foto tomada desde lejos?

¿Qué aprendiste del pie de foto?

Coméntalo

¿Por qué crees que los antiguos indígenas pueblo construyeron sus casas en los acantilados?

Búsqueda e investigación

Un estadounidense importante

Paso 1 **Conversa** acerca de estadounidenses del pasado que ayudaron a nuestro país. Elige uno e investiga sobre él.

Paso 2 **Escribe** una pregunta acerca de esta persona.

Paso 3 **Mira** libros o usa internet. Busca las palabras que no conoces en un diccionario ilustrado o en línea.

Paso 4 **Dibuja** lo que aprendiste.

Paso 5 **Escribe** acerca de lo que aprendiste en tu cuaderno de escritura. Usa las palabras nuevas que aprendiste.

Paso 6 **Elige** una buena manera de presentar tu trabajo.

Integrar

Haz conexiones

Pasa la bandera

¡Quítense los sombreros!
Por las calles llegan
un estruendo de cornetas,
un bullicio de tambores,
un destello de color bajo el cielo.
¡Quítense los sombreros!
¡Pasa la bandera!

Escucha el poema.

Piensa en el significado de la bandera en el poema.

Compara la bandera del poema con las cosas que Ana ve en Washington D. C.

Acuérdate

La palabra *estruendo* significa "ruido muy fuerte".

La palabra *bullicio* da la idea de que los tambores están haciendo un ruido que dura mucho.

Joseph De Sciose/AGE Fotostock

Lo que sé ahora

Piensa en los textos que leíste esta semana.

Los textos hablan de

Piensa en lo que aprendiste esta semana. ¿Qué más te gustaría saber? Comenta tus ideas.

Comenta algo que aprendiste acerca de los textos de no ficción.

Comentalo

Pregunta esencial **¿Qué cosas ves en el cielo?**

Comenta lo que ves en la foto.

Dibuja y **escribe** acerca de otras cosas que puedes ver en el cielo.

Evgeny Kuklev/Vetta/Getty Images

Leer

Responde al Superlibro

Vuelve a contar el cuento de fantasía.

Escribe acerca del cuento.

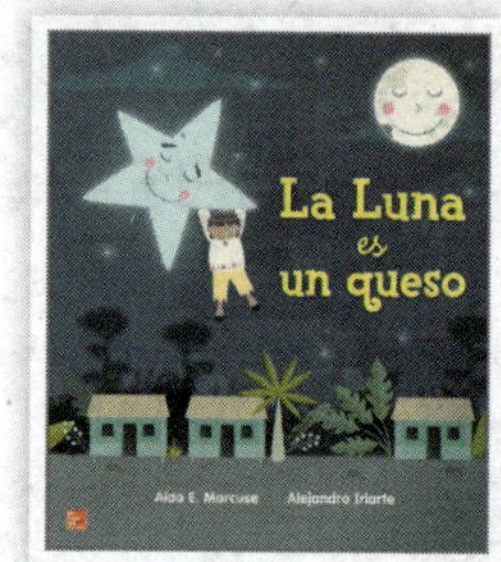

¿Por qué Jaguar no puede alcanzar la Luna?

Evidencia en el texto

Página

¿Cómo sabes que Conejo es astuto?

Evidencia en el texto

Página

Comenta cómo imagina Tomás que es la Luna. ¿Por qué quiere comerla?

Dibuja algo que hayas imaginado acerca del cielo de noche y la Luna.

Releer

Superlibro

Muchos cuentos tienen un **problema** y una **solución**.

- El problema es lo que un personaje quiere hacer o resolver.
- La manera de resolver el problema es la solución.

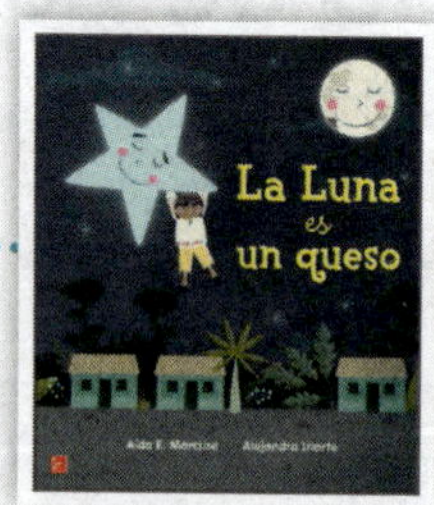

Escucha el cuento.

Conversa y **escribe** acerca del problema de Conejo y cómo lo resuelve.

Coméntalo

El cuento de Conejo y Jaguar está incluido dentro de otro cuento. ¿Quiénes son los personajes del cuento principal? ¿Quién cuenta el cuento?

Problema

Pasos para resolver el problema

Solución

Releer Superlibro

Escucha la página 18. ¿Qué quiere la autora que imagines al usar las palabras *gluglú, gluglú*?

Dibuja y **escribe** acerca de eso.

La autora quiere mostrar

Mira las páginas 14 y 15.

Comenta y **escribe** acerca de lo que sucede en estas páginas.

¿Por qué Jaguar se mete en el río?

¿Qué sucede realmente?
¿Cómo te ayuda la ilustración a saberlo?

Lectura compartida

Buscar evidencias

Haz una predicción sobre el texto. Usa el título y las fotos como ayuda. Lee para averiguar si tu predicción es correcta.

Subraya la palabra que incluye la sílaba **tre**.

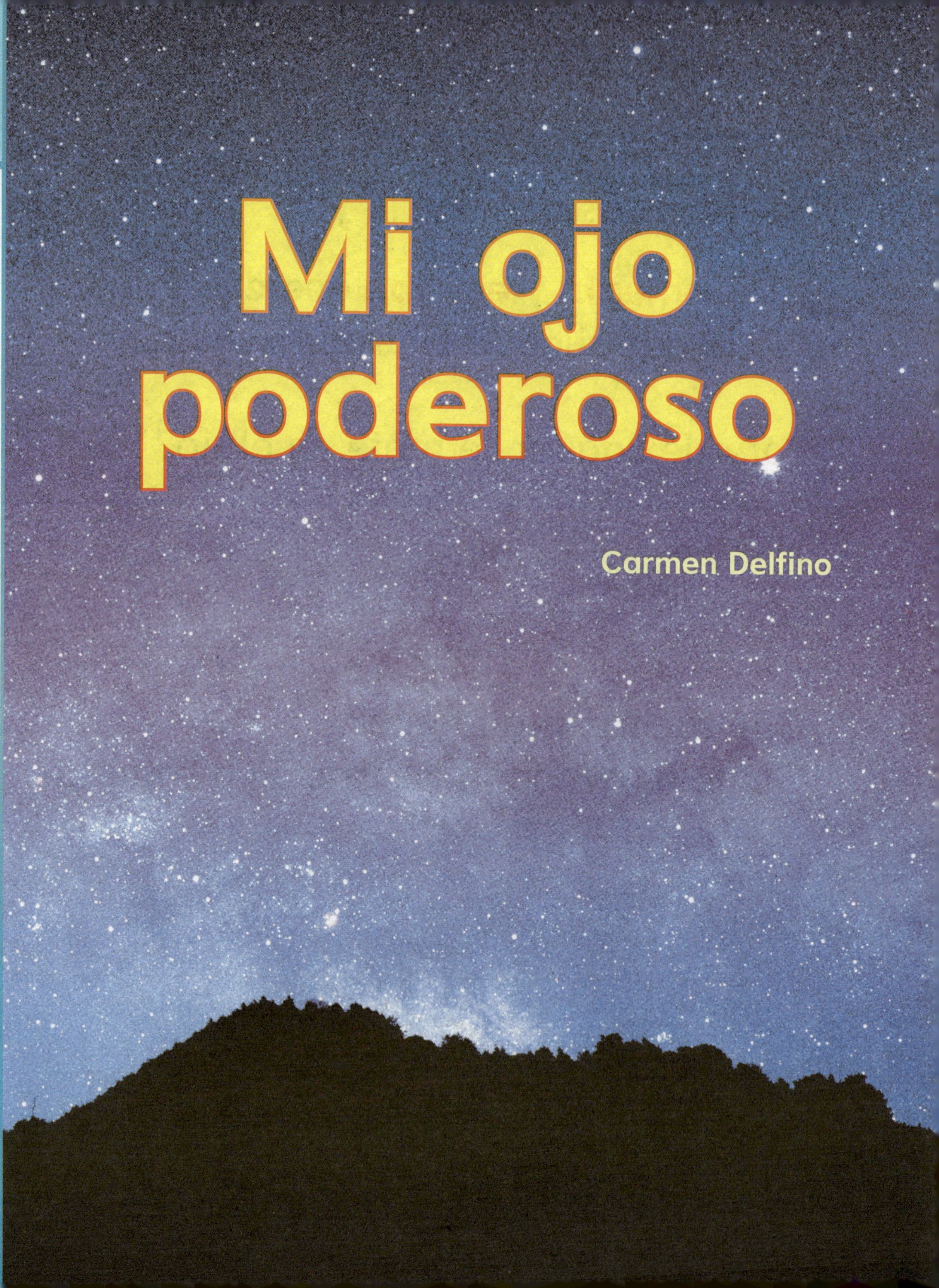

Mi ojo poderoso

Carmen Delfino

Tengo un ojo poderoso.

Con él miro las estrellas.

Photo Researchers/Science Source/Getty Images

Lectura compartida

Buscar evidencias

Lee de la parte de arriba de la página hacia abajo, y de izquierda a derecha. Señala cada oración que lees.

Subraya la palabra que indica dónde está el Sol.

Veo una máquina que sube.

¡Vamos, máquina, a volar!

Veo salir el Sol.

Está muy lejos. ¡Trato de tocarlo!

Photodisc/Eyewire/Getty Images

Lectura compartida

Buscar evidencias

Piensa en lo que has leído hasta el momento. Haz una predicción acerca de qué tratará el resto del texto.

Encierra en un círculo la palabra **pequeño** y el carro pequeño.

Allí veo un carro muy grande.

Al lado veo otro pequeño.

Veo la cara de la Luna.

Veo muchos astros.

m-gucci/iStockphoto/Getty Images

Lectura compartida

Buscar evidencias

Encierra en un círculo el objeto que está **encima** de la nube.

Comenta tu predicción. ¿Fue correcta? Usa las palabras y las fotos como ayuda para decidirlo. Luego, vuelve a contar el texto.

¿Quién pasa de prisa por aquí? ¿Es un cometa que se aleja?

Llega la Luna y el Sol
se va.

¡Y yo veo todo con mi ojo!

Releer

Lectura complementaria

Mira las fotos del cielo de día y el cielo de noche. ¿En qué se parecen? ¿En qué se diferencian?

(t)Thinkstock/Comstock Images/Getty Images; (i)ICHIRO/Digital Vision/Getty Images; (b)Adam Jones/Digital Vision/Getty Images; (i)Purestock/SuperStock

Encierra en un círculo las partes que muestran que es de día.

Encierra en un cuadrado las partes que muestran que es de noche.

Acuérdate

Para hablar acerca del cielo, podemos decir:

Durante el día, (en) el cielo (es azul, hay nubes, está el Sol).

Por la noche, (en) el cielo (es oscuro, hay estrellas, está la Luna).

CIENCIAS

Mira la foto de la página 28.

Comenta por qué el autor dice que el Sol es como "una bola de fuego gigante".

Escribe acerca de eso.

Coméntalo

Mira los títulos de las páginas 28 a 30. ¿Por qué crees que los incluyó el autor? ¿Cómo te ayudan a comprender el texto y aprender información nueva?

Tanto el Sol como una bola de fuego son

Integrar **Búsqueda e investigación**

Investiga el cielo

Paso 1 **Comenta** las cosas que puedes ver en el cielo. Elige una e investígala.

Paso 2 **Escribe** una pregunta acerca del objeto del cielo que elegiste.

Paso 3 **Mira** libros o usa internet. Busca las palabras que no conoces en un diccionario ilustrado o en línea.

Paso 4 **Dibuja** lo que aprendiste.

Paso 5 **Escribe** acerca de lo que aprendiste en tu cuaderno de escritura. Usa las nuevas palabras que aprendiste.

Paso 6 **Elige** una buena manera de presentar tu trabajo.

Integrar

Haz conexiones

Conversa acerca del cielo de noche que se ve en la foto. ¿Qué ves?

Compara este cielo de noche con el que se ve en *La Luna es un queso*.

Fuse/Getty Images

Acuérdate

Para hablar acerca de las cosas que hay en el cielo de noche, podemos decir:

La Luna (está llena, es redonda, blanca, brillante).

Las estrellas (están lejos, son pequeñas, brillantes).

Lo que sé ahora

Piensa en los textos que leíste esta semana.

Los textos hablan de

Piensa en lo que aprendiste esta semana. ¿Qué más te gustaría saber? Comenta tus ideas.

Comenta algo que aprendiste acerca de los cuentos de fantasía.

Escritura y gramática

Escribí un cuento de fantasía. En el cuento hay sucesos que no pueden ocurrir en la vida real.

Olivia

Fantasía
En mi cuento de fantasía hay animales que hablan.

Modelo del estudiante

Luz de luna

Una noche, Conejita se asoma por la ventana.

Mira hacia arriba. La luna ilumina todo.

—¡Quiero tocar la luna!

Da un salto muy alto.

¡Pero la luna está muy lejos!

—¡Ven a la cama! —dice su mamá.

Conejita se mete bajo la manta.

Y esa noche sueña que pasea por la luna.

Género

Comenta por qué el cuento de Olivia es una fantasía.

Haz las preguntas que tengas sobre los cuentos de fantasía.

Encierra en un círculo algo que no puede ocurrir en la vida real.

Plan

Conversa acerca de personajes para un cuento de fantasía.

Dibuja o **escribe** acerca de un personaje y un suceso de tu cuento.

Acuérdate

Piensa en personajes inventados. Piensa en sucesos que no pueden ocurrir en la vida real.

Escribe el nombre de tu personaje para un cuento de fantasía.

Escribe lo que hace el personaje.

Borrador

Lee el borrador del cuento de fantasía de Olivia.

Acuérdate

Recuerda que un **borrador** es lo primero que escribimos. Allí escribimos y organizamos nuestras ideas.

Modelo del estudiante

Luz de luna

Una noche, Conejita mira por la ventana.
Mira hacia arriba. la luna ilumina todo
¡Quiero tocar la luna!
Da un salto muy alto.

Personaje, trama y ambiente
Mi cuento de fantasía tiene personajes, una trama y un ambiente.

Busqué en un diccionario ilustrado las palabras que no sabía cómo escribir.

¡Pero la luna es muy lejos!

—¡Ven! —dice su mamá.

Conejita se mete bajo la manta.

Y esa noche sueña que pasea por la luna.

Estas oraciones suenan bien cuando las leo en voz alta.

Tu turno

Comienza a escribir tu cuento de fantasía en tu cuaderno de escritura. Usa tus ideas de las páginas 76 y 77.

Revisión y corrección

Piensa en cómo Olivia revisó y corrigió su cuento de fantasía.

Corregí esta oración. Ahora comienza con mayúscula y termina con punto.

Modelo del estudiante

Luz de luna

Una noche, Conejita se asoma por la ventana.

Mira hacia arriba. La luna ilumina todo.

—¡Quiero tocar la luna!

Da un salto muy alto.

Corregí la oración. Usé un verbo más expresivo.

Agregué una raya de diálogo antes de las palabras de Conejita.

Me aseguré de escribir correctamente la palabra de uso frecuente *muy*.

Gramática

- El **verbo** dice lo que hace alguien o algo. También dice cómo es o está.
- Las frases con **preposiciones** dan información sobre la oración.

¡Pero la luna está muy lejos!
—¡Ven a la cama! —dice su mamá.
Conejita se mete bajo la manta.
Y esa noche sueña que pasea
por la luna.

Añadí detalles a mi dibujo.

Cambié el verbo ***ser*** por el verbo ***estar***.

Añadí una frase con una preposición.

Tu turno

Revisa y corrige tu cuento de fantasía. Asegúrate de usar verbos y oraciones con preposiciones. Usa tu lista de comprobación.

Comparte y evalúa

Practica tu presentación con un compañero. Túrnense.

Presenta tu trabajo. Luego, usa la lista de comprobación.

Mi trabajo	Sí	No
Escritura y gramática		
Escribí un cuento de fantasía.	☐	☐
Usé verbos en presente, pasado o futuro.	☐	☐
Escribí oraciones con preposiciones.	☐	☐
Usé la puntuación correcta.	☐	☐
Hablar y escuchar		
Hablé en voz alta y clara.	☐	☐
Hablé siguiendo reglas de la gramática.	☐	☐
Escuché con atención.	☐	☐
Respondí preguntas en detalle.	☐	☐

Conversa con un compañero acerca de tu texto.

Escribe acerca de tu trabajo.

¿Qué cosas hiciste bien?

¿En qué debes seguir trabajando?

Lo que aprendiste

Repaso en espiral

Género
- No ficción
- Fantasía
- Ficción realista

Destreza
- Comparar y contrastar
- Trama: causa y efecto
- Trama: problema y solución

Enfoque en la no ficción

Cuando lees un texto de no ficción, puedes comparar y contrastar. Puedes pensar en qué se parecen y en qué se diferencian las cosas.

Escucha una parte de "Los animales bebé son parecidos y diferentes".

Piensa por qué este es un texto de no ficción.

Compara y **contrasta** los bebés de los osos y los de los elefantes. Comenta en qué se parecen y en qué se diferencian. Usa las palabras y las fotos como ayuda.

Escribe en qué se parecen y en qué se diferencian estos animales bebé.

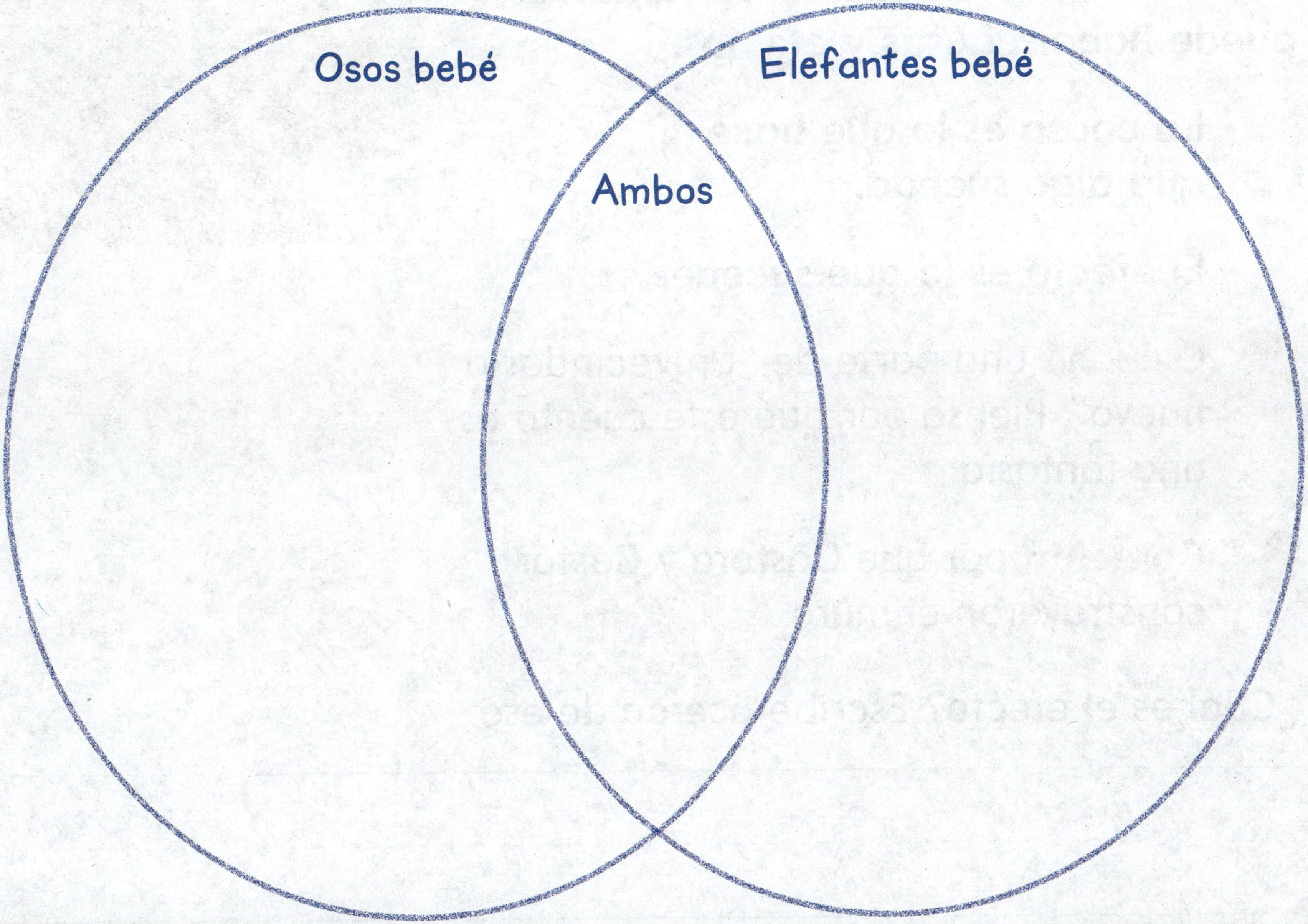

Lo que aprendiste

Enfoque en la fantasía

En la trama de un cuento de fantasía puede haber causas y efectos.

- **La causa es lo que hace que algo suceda.**
- **El efecto es lo que sucede.**

Escucha una parte de "Un vecindario nuevo". Piensa por qué este cuento es una fantasía.

Comenta por qué Castora y Castor construyeron el muro.

¿Cuál es el efecto? Escribe acerca de eso.

Escucha otra parte de la fantasía.

Escribe una causa y un efecto.

Causa → Efecto

Enfoque en la ficción realista

La trama de un cuento de ficción realista puede incluir un problema y una solución.

- **El problema es lo que un personaje quiere hacer o resolver.**
- **La solución es cómo lo resuelve.**

Escucha una parte de "Michi, ¿dónde estás?".

Conversa y **escribe** acerca del problema de Alina.

¿Cuál es el problema?

Dibuja y escribe acerca de la solución.

¿Cuál es la solución?

Amplía lo que aprendiste

Leer en línea TIME FOR KIDS®

ESTUDIOS SOCIALES

Escucha "¿Cómo vamos a la escuela?". Pide a tu maestro que haga clic en los **enlaces**.

Comenta cómo van a la escuela algunos niños en otros países.

Escribe lo que muestran los enlaces.

Paul Kennedy/Lonely Planet Images

Compara el modo en que tú y estos niños van a la escuela.

¿Por qué flotan los botes?

CIENCIAS

En "¿Cómo vamos a la escuela?" hay datos interesantes. Uno de ellos es que algunos niños van a la escuela en bote. Aprende por qué flotan los botes.

Predice: ¿Flotará una pelota de arcilla? ¿Y un bote de arcilla?

Mira mientras se pone la pelota de arcilla en el agua. ¿Qué sucede?

Mira mientras se pone el bote de arcilla en el agua. ¿Qué sucede?

Escribe en tu cuaderno de escritura lo que descubriste.

Amplía lo que aprendiste

Elige un libro

Acuérdate

Intenta leer durante un tiempo un poquito más largo cada vez.

Escribe el título del libro.

Di a un compañero por qué quieres leerlo. Luego, lee el libro.

Minutos que leí

Escribe tu opinión acerca del libro.

Evalúa tu progreso

¿Qué aprendiste?

Piensa en las destrezas que aprendiste. ¿Cómo te sientes acerca de lo que has aprendido a hacer?

Encierra en un círculo un dibujo de cada fila.

Entiendo qué es comparar y contrastar.			
Entiendo elementos de la trama: causa y efecto.			
Entiendo elementos de la trama: problema y solución.			

Comenta con un compañero en qué quieres mejorar.

Tarjetas de fonética

Aa

a
abeja

Bb

ba be bi
bo bu
bate

Cc

ca co cu
camello

Cc

ce ci
cepillo

Ch ch

cha che chi
cho chu
chaleco

Dd

da de di
do du
delfín

Ee

e
elefante

Ff

fa fe fi
fo fu
fuego

Gg

gue gui güe güi
ga go gu
guitarra

Gg

ge gi
gema

Hh

ha he hi
ho hu
hipopótamo

Ii

i
iguana

Jj

ja je ji
jo ju
jirafa

Kk

ka ke ki
ko ku
koala

Ll

la le li
lo lu
limón

Ll ll

lla lle lli
llo llu
llave

Mm

ma me mi
mo mu
mapa

Nn

na ne ni
no nu
nido

Ññ

ña ñe ñi
ño ñu
ñandú

Oo

o
oso

Pp

pa pe pi
po pu
piano

Qq

que qui
queso

Rr

ra re ri ro ru
-rra -rre -rri
-rro -rru
rosa

Rr

-ra -re -ri -ro -ru
pera

Ss

sa se si
so su
sol

Tt

ta te ti
to tu
tortuga

Uu

u
uvas

Vv

va ve vi
vo vu
volcán

Yy

ya ye yi
yo yu
yo-yo

Zz

za ze zi
zo zu
zapato